EL CONGRESO DE VIENA

Hacia un equilibrio en Europa

Por Bernard de Lovinfosse
En colaboración con Pierre Frankignoulle
Traducido por Marina Martín Serra

Historia en50MINUTOS.es

EL CONGRESO DE VIENA

- **¿Cuándo?** Del 1 de noviembre de 1814 al 9 de junio de 1815.
- **¿Dónde?** En Viena (Imperio de Austria).
- **¿Contexto?**
  - El fin de las guerras napoleónicas.
  - La restauración de la monarquía francesa.
- **¿Principales protagonistas?**
  - Carlos Augusto, príncipe de Hardenberg, estadista prusiano (1750-1822).
  - Carlos Mauricio de Talleyrand Perigord, obispo de la Iglesia católica y más tarde político francés (1754-1838).
  - Robert Stewart, vizconde de Castlereagh, estadista británico (1769-1822).
  - Klemens, príncipe de Metternich-Winneburg, estadista austríaco (1773-1859).
  - Alejandro I de Rusia (1777-1825), emperador de Rusia a partir de 1801 y rey de Polonia desde 1815 hasta su muerte.
  - Carlos Roberto, conde de Nesselrode, estadista ruso (1780-1862).
- **¿Repercusiones?**
  - El equilibrio europeo.
  - El concierto europeo de las naciones.
  - La Restauración.
  - La creación de la Santa Alianza.

La derrota del emperador de los franceses Napoleón I (1769-1821) en Leipzig en 1813 marca el fin de su hegemonía sobre Europa y anuncia la caída de su poder y del régimen político que encarnaba. Tras esta batalla, las potencias vencedoras deciden celebrar, a través de sus representantes, un congreso en Viena con la idea de restaurar los regímenes políticos existentes en Europa antes de la Revolución francesa de 1789. Sin embargo, las alteraciones producidas por más de 25 años de guerra entre países con regímenes políticos tan diferentes son tan profundas que un simple retorno al pasado resulta imposible. Entonces, estas naciones se fijan el objetivo de instaurar un equilibrio duradero entre las distintas potencias europeas, con la idea de que ninguna de ellas pueda gozar de demasiada influencia sobre las demás, como en el caso de Francia.

¿Podrán llegar a un acuerdo los aliados de antaño, movidos por el deseo de ver crecer su esfera de influencia? ¿Qué precio tiene que pagar Francia para conseguir la paz?

CONTEXTO

LA FRANCIA OMNIPOTENTE EN EUROPA (1792-1814)

La Revolución francesa preocupa a las monarquías europeas, hasta el punto de que planean reaccionar para cortarla de raíz. En 1792 Inglaterra, España, las Provincias Unidas, el Imperio austríaco, Portugal y varios principados italianos (Piamonte, Cerdeña, Sicilia) forman una primera coalición contra Francia. La Asamblea Nacional francesa se siente amenazada, le declara la guerra al Sacro Imperio el 20 de abril de 1792 y moviliza sus tropas, pero no puede impedir que se produzca una primera invasión aliada. La victoria de Valmy el 20 de noviembre marca la interrupción del avance aliado y el punto de partida de una serie de victorias militares para Francia, que la conduce a anexar varias regiones fronterizas. De este modo, los años 1793 y 1794 están marcados por la anexión de Holanda y Renania y por el fin de las amenazas, en el propio seno del territorio francés. Respaldándose en estas victorias, el ejército francés lleva la guerra a Italia en 1793, y luego a Alemania a partir de 1796. Al año siguiente, la coalición es derrotada.

En 1798, se forma una segunda coalición con los mismos miembros —excepto Portugal y las Provincias Unidas— a los que se le añaden Suecia y los imperios ruso y otomano. Esta coalición se disuelve con el Tratado de Luneville del 9 de febrero de 1801, que afirma las posesiones de Francia y su preponderancia en el conjunto del continente. El 11 de abril de 1805 se forma la tercera coalición, financiada por el

Reino Unido y constituida por Austria, Prusia, Rusia y Suecia. Napoleón los derrota en Austerlitz el 2 de diciembre, tras lo cual Austria y Prusia concluyen por separado una paz con Francia a expensas de significativas pérdidas territoriales. Solo el Reino Unido y Rusia continúan luchando.

En octubre de 1806 se forma la cuarta coalición, compuesta por Prusia, Rusia, Gran Bretaña y Suecia. Las dos primeras son derrotadas durante la campaña de Prusia y de Polonia, tras las victorias francesas de Jena, Auerstedt (14 de octubre de 1806), Eylau (8 de febrero de 1807) y el Tratado de Tilsit (7 y 9 de julio de 1807). La guerra de la Independencia española contra Francia de 1808 conduce a la formación de la quinta coalición, en la que participan Gran Bretaña, Austria, Cerdeña y Sicilia. Sin embargo, los aliados son derrotados nuevamente y la coalición se disuelve con el Tratado de Schönbrunn (14 de octubre de 1809).

EL FINAL DEL IMPERIO

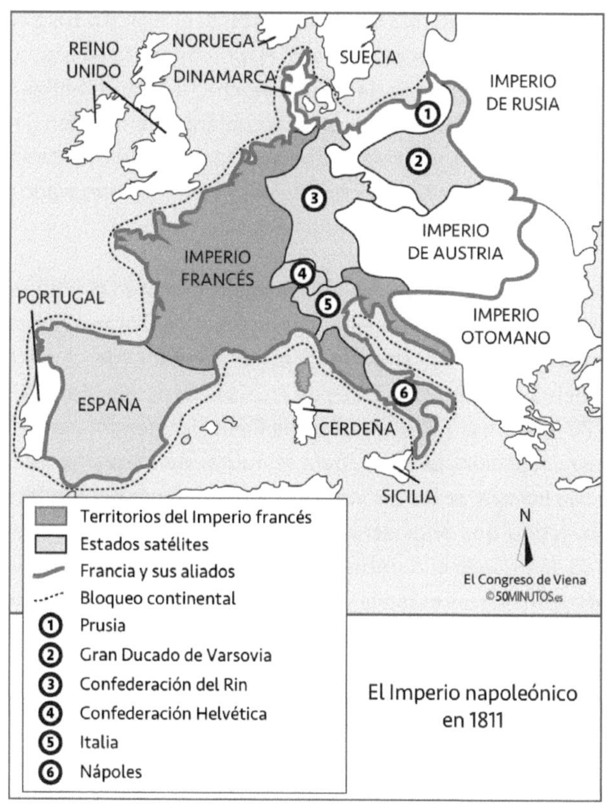

Napoleón, que es el amo del continente europeo, establece el bloqueo continental a partir de 1806 para arruinar el comercio inglés. En 1812 invade Rusia, con el fin de forzar al zar a seguirlo y evitar una invasión de Polonia. Ante el poder de la Gran Armada, los rusos solo pueden retroceder hasta Moscú. Aunque la batalla de la Moskova (7 de septiembre de 1812) se salda con una victoria francesa, el ejército ruso no ha sido derrotado por completo. Napoleón entra en Moscú, que los rusos queman la misma noche, lo que le obliga a iniciar la retirada. Tras este acontecimiento, se suceden una serie de derrotas militares y de importantes pérdidas humanas y materiales: su ejército es prácticamente diezmado y tiene que continuar su camino hacia Alemania.

Por su parte, las monarquías europeas derrotadas y humilladas durante las guerras precedentes levantan cabeza. Aprovechando la situación, el emperador de Austria Francisco I (1768-1835), el rey de Prusia Federico Guillermo III (1770-1840) y el zar Alejandro I de Rusia deciden formar una nueva coalición, la sexta, para restaurar definitivamente la paz en Europa. Se les suma el exmariscal francés Bernadotte, convertido dos años atrás en príncipe heredero de Suecia (1763-1844) bajo el nombre de Carlos Juan, así como España, Portugal y varios Estados alemanes, incluyendo Baviera. Los británicos apoyan la iniciativa participando en la financiación de las tropas.

En 1813 la campaña de Alemania, en la que se produce una victoria aplastante de los coaligados en Leipzig, marca un punto de inflexión en las guerras napoleónicas. La última parte se presenta con la campaña de Francia, que comienza a principios de 1814. A pesar de que Napoleón consigue ganar varias batallas, pronto se ve abrumado por unas tropas aliadas reforzadas en hombres y recursos, y no puede evitar la derrota en París. En la primavera, el zar, el rey de Prusia y el generalísimo de los ejércitos austriacos entran en la capital francesa. Talleyrand obtiene del Senado la pérdida de derechos de Napoleón y toma las riendas de un gobierno provisional responsable de establecer los principios generales del acta constitucional que sitúa a Luis XVIII (1755-1824) en el trono.

En cuanto a Napoleón, las potencias aliadas deciden exiliarlo en la isla de Elba, a pocos kilómetros de la costa italiana. Mediante el armisticio del 23 de abril de 1814, los franceses renuncian a sus conquistas revolucionarias y evacuan los lugares y puertos ocupados a partir del 1 de enero de 1792. El 30 de mayo de 1814 se firma un tratado de paz que oficializa estas renuncias y los aliados también le piden a Francia una indemnización para el traslado de sus tropas, todavía presentes en el territorio francés. Aunque los aliados se ponen de acuerdo rápidamente sobre las cuestiones relativas a Francia, siguen sin resolverse algunos problemas, como el futuro de Polonia, el destino de algunos aliados de Napoleón y la reconstitución de los Estados Pontificios. Por esta razón, el Tratado de París del 30 de mayo de 1814 establece que los Estados implicados en la guerra envíen representantes a Viena para resolver las cuestiones pendientes.

AMBICIONES OPUESTAS

Aunque las conversaciones empiezan incluso antes de la caída de Napoleón y continúan en París y luego en Londres durante las fiestas en honor a su victoria, Gran Bretaña, Prusia, Austria y Rusia no logran entenderse. En efecto, los británicos se dan cuenta de que el zar Alejandro I desea integrar Polonia a su imperio, para cumplir con el propósito de su abuela, Catalina II (emperatriz de Rusia, 1729-1796), que quería expandir la influencia de Rusia hasta el Mediterráneo. Pero esta ambición es contraria al objetivo de los británicos, que quieren mantener un cierto equilibrio entre las potencias europeas y mantener el control de los mares. Esta aspiración de Rusia también es contraria al ideal de Austria, que desea garantizar la paz en sus fronteras para lograr una mejor recuperación de su economía. Klemens, príncipe de Metternich, también espera restaurar la influencia de Austria en los territorios alemanes. Los británicos y austriacos, de acuerdo en algunos temas, deciden aliarse para contrarrestar las ambiciones rusas. Klemens y Robert Stewart, vizconde de Castlereagh, tratan de convencer al representante de Prusia, el príncipe Carlos Augusto de Hardenberg, para que se una a la coalición, pero el rey de Prusia Federico Guillermo III quiere garantizar la extensión de su reino con el fin de extender su influencia por toda Alemania, a expensas de Austria. Cuando comprenden los deseos de este último, Klemens y Robert Stewart se ven obligados a buscar un nuevo aliado. Mientras tanto, el zar vuelve a San Petersburgo y se toma la decisión de reunirse en Viena en otoño.

CARLOS AUGUSTO, PRÍNCIPE DE HARDENBERG

Retrato de Carlos Augusto de Hardenberg.

Carlos Augusto de Hardenberg, nacido el 31 de mayo de 1750 en Essenrode, posee una formación de jurista. Procedente del Principado de Hannover, está al servicio del rey de Prusia desde 1791. Va escalando posiciones progresivamente hasta el puesto de primer ministro, que abandona en 1806, y que vuelve a ocupar cuatro años más tarde con un plan de recuperación de su país diseñado cuidadosamente. Después de 1810, dirige las reformas (reforma de la administración, reforma militar, etc.) que permiten que Prusia participe en la victoria final contra Napoleón. Su política combina la distensión con Francia y la preparación de la venganza militar.

Con una mentalidad realista, pero con fuertes convicciones sobre el papel de su país en Europa, Augusto llega a Viena el 17 de septiembre, donde debe contemporizar con Guillermo de Humboldt (diplomático e historiador prusiano, 1767-1835), que llega a la cima antes que él. En el Congreso de Viena, el zar pacta con ellos un acuerdo que concede a Prusia las expansiones deseadas en Sajonia y Renania, a cambio de Polonia. Augusto, partidario de una Alemania unida bajo una constitución federal, continúa su carrera política después del Congreso, pero lo dejan al margen de las grandes decisiones a causa de sus ideas, que se consideran muy vanguardistas. Agotado, muere en Génova el 26 de diciembre de 1822.

CARLOS MAURICIO DE TALLEYRAND

Retrato de Carlos Mauricio de Talleyrand.

El príncipe Carlos Mauricio de Talleyrand nace en París el 2 de febrero de 1754 en una de las familias francesas más prestigiosas de su época. Se le orienta hacia la carrera eclesiástica para suceder a su tío, el arzobispo de Reims. En 1779 es ordenado sacerdote, y nueve años más tarde se convierte en obispo de Autun. Durante la Revolución francesa, renuncia a su cargo eclesiástico y vuelve a ser un simple laico para ir ascendiendo en la jerarquía política bajo los regímenes que se suceden en Francia a partir de 1789, evitando los momentos más peligrosos de ese período.

El golpe de Estado del 18 de brumario del año VIII (9 de noviembre de 1799) lo propulsa a la cabeza de las relaciones exteriores, al servicio de Napoleón Bonaparte, donde trata de poner en práctica una política de apaciguamiento con las cortes europeas. Manipula a los italianos para que acepten elegir a Bonaparte al frente de la República Italiana y dirige la reforma del Ministerio de Asuntos Exteriores. Después de la campaña de Austria, hace todo lo posible para suavizar las condiciones de paz impuestas a esta última potencia, especialmente mediante rebajas y prórrogas en las condiciones financieras.

El 12 de julio de 1806, firma el tratado que instaura la Confederación del Rin —que reúne a los Estados alemanes bajo la influencia francesa—, un proyecto iniciado por él para satisfacer la voluntad de Napoleón. Pero cada vez se muestra más crítico con la política de guerra de este último. Incluso mantiene una relación continuada con la corte austriaca con la esperanza de una reconciliación. En 1807, después de la victoria de Napoleón sobre Prusia y Rusia, se retira de los Asuntos Exteriores, manteniendo un cargo de asesor del emperador. En 1808, este último le encarga que le ayude en la reunión de Erfurt con el zar Alejandro I. Al darse cuenta del peligro que una alianza franco-rusa representaría para el equilibrio europeo y las ideas revolucionarias, en secreto desaconseja a Alejandro I que se acerque a Napoleón. Este gesto salvaguarda su integridad política y permite que su influencia sobreviva a la caída de Napoleón.

Designado miembro del Consejo de Regencia en 1814, negocia la capitulación del ejército francés frente a los aliados en las puertas de París y aboga por el retorno de la dinastía monárquica de los Borbones frente al zar y el rey de Prusia. En 1814, el rey Luis XVIII lo envía a Viena para defender los intereses de Francia, y hábilmente Talleyrand logra volver a situar a Francia en igualdad de condiciones ante los vencedores.

Durante los años siguientes, se retira gradualmente de la política al tiempo que conserva una influencia que va más allá de las fronteras nacionales. Este político, que participa en todos los regímenes desde la Revolución francesa hasta la Restauración, muere en París el 17 de mayo de 1838.

ROBERT STEWART, VIZCONDE DE CASTLEREAGH

Retrato de Robert Stewart, vizconde de Castlereagh.

Robert Stewart, vizconde de Castlereagh, es un diplomático británico nacido en Dublín el 18 de junio de 1769. Apenas sale de la Universidad de Cambridge, se convierte en parlamentario con 21 años y luego ocupa diversos cargos en los Gobiernos que dirigen Inglaterra durante los primeros años del siglo XIX.

En 1812, ocupa el cargo de secretario en el *Foreign Office* —el equivalente inglés de ministro de Asuntos Exteriores—, un puesto que lo conduce a desempeñar un papel decisivo en el levantamiento de Europa contra Napoleón. Desea preservar el equilibrio europeo, por lo que se horroriza ante las medidas que adopta Francia con el fin de crear un imperio. Según él, las tradiciones políticas de Francia, su fuerza militar y su gusto por la aventura la convierten en un verdadero peligro. Sin embargo, piensa que mediante su integración en el juego político europeo puede ser neutralizada y utilizada para oponerse a las ambiciones rusas que también amenazan el equilibrio europeo. Ejerce como plenipotenciario británico en el Congreso de Viena, hasta que el duque de Wellington Arthur Wellesley (general y político británico, 1769-1852) lo sustituye durante el año 1815. Entonces, recupera su cargo de secretario de Estado de Asuntos Exteriores.

Presumiblemente padeciendo paranoia, pone fin a su vida el 12 de agosto de 1822 en su propiedad de Kent.

KLEMENS, PRÍNCIPE DE METTERNICH-WINNEBURG

Retrato de Klemens de Metternich-Winneburg.

Nacido en Coblenza el 15 de mayo de 1773 en el seno de una familia de la alta nobleza renana, el príncipe Klemens de

Metternich posee una formación de jurista. Valiéndose de una carrera política marcada por la lucha contra Napoleón, en el momento de los hechos ocupa el puesto de canciller de la corte y del Estado, y de ministro de Asuntos Exteriores del Imperio austríaco. Su función de embajador en París le permite tejer buenas relaciones con Bonaparte y Talleyrand, que utiliza para moderar las exigencias de los franceses tras la derrota de la sexta coalición.

Durante su presidencia del Congreso de Viena, actúa movido por el deseo de que Austria vuelva a ocupar una posición central en el seno de una Europa equilibrada. Sin embargo, no pretende posicionar a Austria sola a la cabeza del continente, sino que quiere crear una organización que le daría el poder a unas pocas grandes potencias capaces de neutralizarse entre sí y de imponer el orden a los eventuales perturbadores. Quiere integrar el Véneto y la Lombardía al espacio de Austria, así como las provincias de Iliria (Croacia y Eslovenia), y moderar los impulsos expansionistas de sus vecinos. Aunque se pone de acuerdo con el ministro británico sobre la cuestión de la vuelta de los Borbones al trono de Francia, sus relaciones con el zar no son buenas. Su rechazo del nacionalismo alemán a la manera prusiana y su desconfianza hacia los intereses territoriales del zar lo impulsan a acercarse a Castlereagh, siempre que este abandone cualquier idea de separar a Federico Guillermo III de su socio ruso.

Tras el Congreso de Viena, se convierte en garante del nuevo orden europeo de las naciones. Pasa los años siguientes maniobrando para conservar su poder y mantener el orden tanto dentro de la Confederación Germánica de reciente creación como en el plano de las relaciones internacionales. Tras la muerte de Francisco I de Austria lo sucede el príncipe Fernando (1793-1875), que no es competente para asumir su cargo imperial. Con el campo libre, Klemens de Metternich se convierte en la figura más poderosa e influyente, tanto en Austria como en el continente europeo. Incluso se le confía la formación del futuro emperador Francisco José (1830-1916). Su gobierno llega a su fin en marzo de 1848, cuando los disturbios en Viena lo obligan a dimitir. Abandonado por Fernando, toma el camino del exilio. Después de una corta estancia en Inglaterra, regresa al continente en 1849 para retirarse a Johannisberg, en Hesse. Finalmente, muere en 1859 en Viena.

ALEJANDRO I DE RUSIA

Retrato de Alejandro I de Rusia.

Alejandro I nace en San Petersburgo el 23 de diciembre de 1777, fruto de la unión entre Pablo I de Rusia (1754-1801) y Sofía Dorotea de Wurtemberg (1759-1828). Su abuela Catalina II es la encargada de formarlo en el ejercicio del poder, y Alejandro se debate entre las ideas liberales inspiradas por su formación y el modelo prusiano de gobierno preferido por su padre.

Después del corto reinado de este último, Alejandro asciende al trono y trata de hacer que su país adopte un giro liberal, pero su vacilación frustra el proyecto. De 1804 a 1815, se ocupa de la ampliación del territorio ruso hacia el norte mediante la anexión de Finlandia, arrebatada a Suecia en 1808, y hacia el sur con la anexión de Moldavia y Valaquia (futura Rumanía), entonces territorios del Imperio otomano. Los asuntos polacos son el detonante del conflicto con Napoleón, que conduce a la desastrosa campaña de Rusia.

Miembro de la última coalición que provoca la caída del Imperio francés, destaca entre los franceses por su amabilidad así como por su generosidad, ya que interviene para limitar sus pérdidas territoriales y para aliviar las penalidades de Napoleón. Bajo la influencia de un misticismo profundo que deteriora su política interna, inspira de todos modos al Congreso de Viena el concepto de la Santa Alianza, un pacto de fraternidad construido alrededor del ideal cristiano. Después de este congreso, el resto de su reinado se caracteriza por una cierta pasividad frente a las revoluciones en curso en Italia y en Grecia.

Habría fallecido durante un viaje al sur de Rusia el 1 de diciembre de 1825, pero otra versión de los hechos afirma que habría perecido en Tomsk en 1864 bajo la identidad de Fedor Kuzmich, famoso *starets* (ermitaño) de la Iglesia ortodoxa rusa.

CARLOS ROBERTO, CONDE DE NESSELRODE

Retrato de Carlos Roberto, conde de Nesselrode.

Nacido en Lisboa el 14 de diciembre de 1780, Carlos Roberto de Nesselrode procede de una familia de diplomáticos alemanes al servicio de Rusia. Antiguo ayudante de campo de

Pablo I de Rusia, se convierte en consejero de la embajada en París y participa en todas las negociaciones de los tratados de paz que acompañan las guerras napoleónicas durante los años 1813 y 1814. Se le describe como un hombre tranquilo y con mucho tacto, pero demasiado discreto para destacar realmente. Por consiguiente, muestra algunas debilidades durante el Congreso y no logra imponerse.

Ministro de Asuntos Exteriores de 1814 a 1856, luego se convierte en canciller hasta su muerte en San Petersburgo el 23 de febrero de 1862.

EL CONGRESO DE VIENA

LA APERTURA Y LA ORGANIZACIÓN DEL CONGRESO

El 22 de septiembre de 1814, los jefes de delegación de Rusia, Inglaterra, Prusia y Austria se reúnen para establecer la organización del Congreso. Ese día, se ponen de acuerdo para que el Congreso se inaugure oficialmente el 1 de noviembre, y luego escriben un protocolo que define su funcionamiento y una declaración para presentar a los otros países firmantes del Tratado de París: Francia, Suecia, España y Portugal. Se hace evidente que estos cuatro representantes tienen la intención de controlar todos los debates, de modo que solamente le den a las otras delegaciones una participación *a priori* y aprueben lo que ya habían hablado entre ellos.

Talleyrand es consciente de esta voluntad de bloquear el Congreso y de las disensiones que existen entre Austria y Gran Bretaña por un lado, y Rusia y Prusia por el otro. Además, quiere reducir el coste de la derrota y devolverle a Francia su lugar en el concierto europeo. Para ello, le promete a Robert Stewart que apoyará las posturas británicas en el Congreso, entre las que destacan la abolición de la trata de esclavos y el regreso de los Borbones al trono de las Dos Sicilias. Para definir posiciones comunes frente a los cuatro vencedores, forma un grupo de ocho potencias, incluyendo las otras tres naciones firmantes del Tratado de París, así como Dinamarca, los Países Bajos, Suiza y los Estados Pontificios.

El 30 de septiembre, Klemens de Metternich lo invita informalmente a conversar con el representante español Pedro Gómez Labrador (1755-1852). Talleyrand protesta contra el protocolo aprobado por las cuatro potencias y las obliga, en nombre del derecho internacional público, a incluir en la organización del Congreso a todos los otros firmantes del Tratado de París. Durante esta conversación, cabe destacar que Klemens de Metternich y Carlos Augusto de Hardenberg utilizan el término «potencias aliadas», algo que molesta a Talleyrand:

«¿Aliadas?, me pregunto, ¿y contra quién? Ya no es contra Napoleón: está en la isla de Elba...; ya no es contra Francia: la paz está concluida...; seguramente no es contra el rey de Francia: es el fiador de la duración de esta paz. Señores, hablemos francamente, si aún existen potencias aliadas, aquí sobro [...]. Y, sin embargo, si yo no estuviera aquí, básicamente me extrañarían. Señores, quizá soy el único que no pide nada. Una gran consideración, eso es todo lo que quiero para Francia, cuya grandeza es suficiente gracias a sus recursos, su extensión, la cantidad y el espíritu de su gente, la contigüidad de sus provincias, la unidad de su administración, las defensas que la naturaleza y el arte han garantizado a sus fronteras. No quiero nada, se lo repito; y les hago una inmensa aportación. La presencia de un ministro de Luis XVIII consagra aquí el principio en el que descansa todo orden social. [...] Si, como ya se rumorea, algunas potencias privilegiadas quisieran ejercer en el congreso un poder dictatorial, debo decir que, ciñéndome a los términos del Tratado de París, no podría estar de acuerdo en reconocer en esta reunión un poder supremo en los asuntos que son competencia del Congreso, y que me haría cargo de una propuesta que vendría de su parte»[1] (Talleyrand 2007, 479).

Gracias a este golpe maestro, Francia consigue ocupar su lugar entre las potencias dirigentes del Congreso, que se abre oficialmente en Viena el 3 de noviembre de 1814. Conscientes de su importancia para el futuro de Europa, en total 15 familias reales, 200 príncipes y 216 jefes de misiones diplomáticas se reúnen en Viena, convertida en la capital de Europa durante la celebración del Congreso.

Sin duda, Talleyrand consigue incluir a las otras delegaciones en el trabajo del Congreso, pero los representantes de las cuatro grandes potencias no renuncian a su intención de mantener el control en todas las decisiones. Al principio aparecía una comisión de cuatro potencias, responsable del desarrollo de los procedimientos en los debates del Congreso, frente a una comisión de las Ocho Potencias, encargada de aprobarlos y de someterlos a los otros representantes. Sin embargo, esta comisión de cuatro potencias se transforma por un tiempo en una comisión de cinco potencias, incluyendo Francia, hasta el regreso de Napoleón.

Más concretamente, la organización del Congreso está compuesta de:

- un directorio formado por el presidente, Klemens de Metternich, y su secretario, Federico de Gentz (político alemán, 1764-1832);
- 11 comités creados para hablar de las cuestiones políticas y jurídicas interestatales;

---

1. Cita traducida por 50Minutos.es

- seis personas que tratan cuestiones fronterizas y de soberanía que afectan a Alemania, Suiza, Génova, la Toscana y el ducado de Bouillon;
- otros tres comités que tratan las cuestiones relativas a la supresión de la trata de esclavos, a la libre circulación fluvial y a las filas y precedencias diplomáticas;
- un comité de redacción para poner por escrito los acuerdos alcanzados y para integrarlos en un acta final;
- una comisión estadística encargada de llevar la cuenta de las poblaciones y de los territorios que son objeto de intercambios.

Rusia, Austria, Inglaterra y Prusia participan en todas las instancias, lo que les da la posibilidad de mantener el control sobre las decisiones adoptadas a raíz de los trabajos. El ingenio de Talleyrand permite que Francia esté presente en 8 comisiones de 11. Las naciones más pequeñas, en cambio, casi no tienen oportunidades de dar su opinión.

LOS ASUNTOS DE POLONIA Y SAJONIA

Los asuntos polaco-sajones son importantes, ya que son los que concentran la mayor atención de los principales congresistas de Viena y en ellos se materializan las tensiones entre los aliados.

Con su victoria en Austerlitz sobre Austria y Rusia, Napoleón impone al emperador austríaco la abolición del Sacro Imperio Romano Germánico. En su lugar, el 12 de julio de 1806 se crea una Confederación del Rin, a la que se adhiere el elector de Sajonia, que se convierte en rey bajo el nombre de Federico Augusto I (1750-1827). Tras el Tratado de Tilsit del 7 de julio de 1807, se crea el Gran Ducado de Varsovia, a partir de territorios conquistados al Reino de Prusia —es decir, Poznania y la región de Varsovia—. Napoleón coloca al mando de este a su aliado Federico Augusto I, descendiente de la familia real polaca y soberano del recién creado reino de Sajonia. Así, Sajonia y una gran parte de Polonia se encuentran unidas bajo una sola corona, todo ello a expensas de Prusia.

Unos años más tarde, durante las negociaciones previas al Congreso de Viena, los intereses de Alejandro de Rusia y de Federico Guillermo III de Prusia están relacionados. Prusia acepta perder definitivamente sus territorios polacos en beneficio de los rusos, siempre que pueda obtener Sajonia. En compensación, acepta ofrecerle Renania al rey de Sajonia. Después de la caída de Napoleón en 1814, los acuerdos entre los rusos y los prusianos permiten que los primeros organicen el territorio polaco.

Sin embargo, sus socios en el Congreso no están dispuestos a aceptar una negociación de este tipo. Klemens de Metternich y Robert Stewart vacilan, pero en un principio no ven que acceder a estas demandas suponga un peligro para sus respectivos países. Con el apoyo de los otros Estados alemanes, Talleyrand busca, al contrario, evitar que Rusia y Prusia salgan ganando en estas dos cuestiones, por razones de equilibrio entre las potencias.

A finales de 1814, el zar Alejandro ordena a su gobernador en Polonia que anuncie la reunificación de Sajonia a Prusia y refuerce la presencia rusa en Varsovia. Por su parte, Carlos Augusto de Hardenberg publica un proyecto de anexión de Sajonia a Prusia y agrega que su rey no cambiará su posición. Esta iniciativa ofende a Talleyrand, que critica al representante de Prusia. Si había reprochado a Klemens de Metternich sus vacilaciones acerca de este proyecto, acusa a Robert Stewart de haber minimizado el asunto polaco y por lo tanto haber entregado Sajonia a Prusia. Constatando el fortalecimiento de Prusia en Alemania y de Rusia en Polonia, Klemens de Metternich acaba entendiendo las consecuencias sobre la influencia austriaca en Alemania y planea movilizar al ejército austríaco, pero debe encontrar aliados. Robert Stewart, por su parte, solamente puede ofrecer financiación.

Mientras las tropas se preparan en cada bando, el 2 de enero de 1815 se celebra una reunión —la última oportunidad— entre los representantes de Rusia, Prusia, Austria y el Reino Unido. Después de esta, Robert Stewart visita a Talleyrand y, junto con Klemens de Metternich, rápidamente se ponen de acuerdo sobre el establecimiento de una alianza militar, firmada al día siguiente. En este punto, estos tres Estados corren un gran riesgo, porque no tienen los medios para movilizar tantos recursos. Aunque el contenido de este tratado debe permanecer en secreto, los rusos y los prusianos pueden adivinarlo. Las negociaciones continúan y las tensiones reaparecen. Los días 7, 9 y 12 de enero, la comisión formada por las cinco grandes potencias se reúne para llegar a un acuerdo.

El 8 de febrero, se alcanza y se aprueba un acuerdo: una parte de Sajonia se unifica de nuevo a Prusia, y el resto se le entrega a Federico Augusto I, rey de una Sajonia a la que le han amputado el 40 % de su territorio. Como compensación, Prusia recibe fortalezas en el Elba, Pomerania, una parte de Westfalia, algunas posesiones hannoverianas y posiciones en la orilla izquierda del Rin. En Polonia, Prusia recupera Poznania y recibe la región de Danzig (actual Gdansk, en Polonia). Por su parte, Austria recupera la Galicia, y el resto de Polonia pasa a manos de Rusia bajo la forma de un territorio unido a Rusia organizado de forma autónoma.

Finalmente, todo el mundo está de acuerdo: la guerra no se llevará a cabo.

LA CONFEDERACIÓN GERMÁNICA Y LA EUROPA DEL NORTE

A principios de 1815, en el Congreso se trata el asunto de la reorganización del norte de Europa, y el regreso de Napoleón empuja a los congresistas a llegar rápidamente a un acuerdo. Noruega pasa de la Dinamarca de Federico VI (1768-1839), aliado de Napoleón, a la Suecia de Bernadotte, y la isla de Heligoland es cedida a Gran Bretaña. Sin embargo, Dinamarca recibe tres principados alemanes vecinos y, por lo tanto, el derecho a unirse en su nombre a la Confederación Germánica.

La Confederación Germánica, surgida de la desaparecida Confederación del Rin napoleónica, es una comunidad que reúne a 35 Estados alemanes independientes, incluyendo Prusia y Austria. Gran Bretaña tiene un derecho de control, ya que su rey también es duque de Hannover y soberano de los Países Bajos, como gran duque de Luxemburgo. Las diez sesiones de trabajo que se llevan a cabo para su creación también desembocan en la redacción de una constitución alemana, firmada el 10 de junio de 1815. La Confederación incluye una dieta federativa. Esta asamblea representativa establecida en Fráncfort y presidida por Austria es competente en todo lo que concierne a las relaciones entre los Estados alemanes.

Aunque Francia parece encontrar un lugar destacado en estas negociaciones, no puede tranquilizar a las cuatro potencias que planean crear, a lo largo de sus fronteras, un cinturón de Estados, que la historia ha calificado como «Estados tampón». En este sentido, el Congreso de Viena concreta su voluntad de crear un reino de los Países Bajos que englobe Bélgica y Luxemburgo, bajo el gobierno de Guillermo I (1797-1888), hijo del último estatúder de las Provincias Unidas. Klemens de Metternich no ve ningún problema a la hora de abandonar los antiguos Países Bajos austriacos, demasiado alejados de Viena, ya que se las arregla para conseguir como compensación la integración a Austria del Véneto y la Lombardía, fusionados en un único Estado.

EL CASO DE SUIZA E ITALIA

Puesto que las guerras napoleónicas también afectan a Suiza, y con el fin de contrarrestar cualquier veleidad francesa de supremacía, el objetivo es garantizar que el país sea permanentemente neutral y esté apoyado en fronteras sólidas. En noviembre de 1814 se reúne un comité responsable de estos asuntos, formado por las cuatro potencias y por

Francia. Al finalizar los debates, se ha acordado la anexión de Neuchâtel y del Valais a la Federación de Ginebra, y el crecimiento de otros cantones a expensas de Austria, de varios principados alemanes y de Francia, que conserva Mulhouse.

A continuación, es el turno de Italia, dividida por Napoleón entre los reinos de Italia, de Etruria, del Lacio y de Nápoles. El Congreso de Viena busca restablecer en ella la influencia de las potencias extranjeras. Austria quiere su parte en el norte y el centro; Inglaterra, puertos para su comercio; Rusia, puestos avanzados; en cuanto a la Santa Sede de Roma, reivindica la reconstitución de sus Estados. Por consiguiente, el asunto se divide en tres partes. Aunque los congresistas se ponen de acuerdo sobre los territorios que cederán a la corona de Austria en el norte de Italia, todavía tienen que decidirse algunos detalles fronterizos. En el centro, hay que volver a situar al papa a la cabeza de sus Estados, pero de una forma que satisfaga a Austria.

El destino del sur de Italia permanece suspendido en el caso de Joaquín Murat (1767-1815), rey de Nápoles y mariscal de imperio aliado de Napoleón, que Francia y España quieren expulsar de su trono en favor de los Borbones. De hecho, no solo resulta que este no rompe sus relaciones con Napoleón, sino que además su idealismo lo conduce a la conquista de Italia. Derrotado por los austriacos, muere fusilado en 1815, y su trono vuelve a pasar a manos de los Borbones. El acta final ratifica la división de la península italiana, formada por diez Estados: el reino de Piamonte-Cerdeña, el reino de Lombardía-Véneto, la Toscana, Parma, Módena, Massa-

Carrara, Luca, los Estados Pontificios, las Dos Sicilias y San Marino.

LAS ÚLTIMAS NEGOCIACIONES

El Congreso de Viena no se detiene a pesar de la amenaza que genera el retorno de Napoleón, que resulta breve. Sin embargo, su expedición lleva a los coaligados a movilizar a sus tropas para detenerlo definitivamente en Waterloo el 18 de junio de 1815. Mientras tanto, bastan tres meses para acabar de delimitar el contorno de Alemania, de los Países Bajos y de Italia. Además, después de la última victoria sobre Napoleón, ya solo queda darle el último toque al trabajo sobre las cuestiones transversales.

La resolución de la cuestión sobre el tráfico fluvial conduce a la creación de normas sobre la libertad de navegación en los ríos con varios Estados ribereños, así como a la uniformización de los derechos de aduana. Sobre la cuestión de la trata de esclavos, Inglaterra proclama su abolición mediante una ley que data del 25 de marzo de 1807, pero aún hay que definir sus características. Además, para que sea eficaz, es importante que esta abolición se extienda a todo el continente europeo. Frente a unas potencias coaligadas con una falta de financiación permanente, es fácil para los británicos convertirlo en una condición de compromiso por su parte. Sin embargo, en el Congreso de Viena, aunque el reino de Francia estaba de acuerdo sobre ese principio, Luis XVIII tiene la intención de recuperar sus colonias antes de abordar el tema. Para sortear la falta de voluntad francesa, Robert Stewart consigue que las tres otras grandes potencias celebren una conferencia particular el 20 de enero, en la que se habla sobre las quejas de unos y otros, y que el 8 de febrero de 1815 desemboca en una declaración que condena la trata de esclavos y prevé la instauración de su abolición.

A partir de mayo de 1815, el trabajo avanza a buen ritmo. El comité de redacción soluciona la mayoría de las dificultades de forma. El 29 de mayo se produce la lectura de un texto que agrupa todos los artículos y, el 7 de junio, el texto está listo para ser firmado. Dos días más tarde, los representantes de Austria, Rusia, Prusia y el Reino Unido, así como los de Francia, Portugal y Suecia firman el acta final durante una ceremonia organizada en el palacio de Hofburg, el más grande de Viena, ante la presencia de todas las delegaciones. El 9 de junio, el Congreso se da por acabado.

REPERCUSIONES DEL CONGRESO

LA SANTA ALIANZA

El concepto de Santa Alianza nace al final del congreso, poco antes de la firma del acta final, cuando Europa se une frente a Napoleón para aplastarlo de forma definitiva. Después de su abdicación —que se produce cuatro días después de su derrota—, el zar, el rey de Prusia, el emperador de Austria, Robert Stewart, Carlos Roberto de Nesselrode, Carlos Augusto de Hardenberg y Klemens de Metternich, así como sus asesores, se reúnen en París para preparar un segundo tratado de paz para imponérselo a Francia. Pero, antes de eso, los aliados deben aceptar el proyecto de Santa Alianza defendido por el zar, que propone federar a las potencias europeas en torno a los principios fundamentales del cristianismo: la autoridad de la moral cristiana, la solidaridad de intereses entre las dinastías, la religión, la justicia y la paz. Esencialmente, se trata de una declaración de principios diseñada para enterrar las revoluciones y para justificar cualquier política destinada al mantenimiento del orden por parte de sus firmantes.

EL CONCIERTO EUROPEO DE LAS NACIONES

Después del congreso, las grandes potencias se comprometen a controlarse mutuamente y a mantener un estado de paz en general, aunque para ello haya que intervenir de una forma determinada para proteger el orden establecido en Viena. Este compromiso se complementa con los acuerdos parisinos de la Santa Alianza y la Cuádruple Alianza (formada por Prusia, Rusia, Inglaterra y Austria). La primera tiene una función en un principio, pero la Cuádruple Alianza pronto se vuelve más eficaz. Francia se une a esta última en 1818, cuando vuelve a ser aceptada en el círculo de las grandes potencias.

Este dominio de los grandes se modifica durante los años posteriores para implicar a otros Estados en los asuntos que les conciernen. El concierto europeo evoluciona así adaptándose a los grandes cambios en el mapa causados por la independencia griega y belga, y a los problemas originados por el desmantelamiento del Imperio otomano. Los cambios unilaterales en el orden internacional ya no se toleran, pero eso no quiere decir que varias anexiones y modificaciones no se consideren legítimas; sin embargo, ahora deben realizarse de acuerdo con una normativa legal aceptada por todos. Se prepara el camino para un consentimiento multilateral y formal ante las modificaciones de las fronteras. Gracias a Talleyrand, el vencido tenía derecho al respeto y a ser escuchado.

De este modo, el Congreso elabora un orden internacional que le garantizará a Europa casi un siglo sin guerra general, hasta que se produzca la Primera Guerra Mundial (1914-1918).

UNA NUEVA GEOGRAFÍA POLÍTICA

Después del congreso, el mapa de Europa tiene muy poco que ver con el que habían trazado las guerras napoleónicas. El deseo de los congresistas, agotados por 25 años de guerra, es sentar las bases de una Europa equilibrada. Rusia está satisfecha en Polonia, pero está encerrada en el oeste por la

Confederación Germánica y en el sur por Austria. Francia no es destruida, pero se ve controlada por vecinos fortalecidos: los Países Bajos, Piamonte-Cerdeña y Suiza. Austria sale del congreso con su territorio ampliado, pero su monarquía se divide entre sus componentes alemán, italiano y húngaro.

El gran vencedor moral, político y económico del congreso es, sin duda, Inglaterra. La paz reactiva sus negocios y su control sobre las islas estratégicas (Malta y Heligoland) y refuerza su control sobre las rutas marítimas. Gracias a los resultados obtenidos por sus diplomáticos y al importante crecimiento de su economía, se convierte en la única superpotencia del mundo. Londres incluso garantizará la paz durante varias décadas recreando la Cuádruple Alianza durante la Revolución belga de 1830 y el conflicto anglo-francés en Egipto diez años más tarde.

La monarquía francesa restaurada logra mantenerse en el Estado hasta julio de 1830. La crisis económica de la época y el crecimiento de la oposición formada por los republicanos y los bonapartistas insta al rey a abdicar, de manera que sube al trono Luis Felipe de Orleans (1773-1850), procedente de una rama menor de la familia real. En 1848, la cuestión obrera y la reivindicación del derecho al voto para todos los ciudadanos conducen a un nuevo levantamiento que derroca la monarquía de julio en favor de la Segunda República.

Finalmente, los años 1870 y 1871 marcan la alteración de Europa central y del sur. La unificación alemana se produce a expensas de Austria, que pierde toda su influencia en Alemania, y luego de Francia, que pierde Alsacia-Lorena, derrotada después de la guerra de 1870. La unificación de

Italia se pone en marcha en el mismo periodo a partir de Piamonte-Cerdeña para unir a todos los Estados italianos en un reino unificado. Sin embargo, estos grandes cambios en el orden deseado por los congresistas de Viena no afectan a los fundamentos de este orden: ninguno de estos nuevos Estados puede asegurar su dominio sobre los otros.

UN DERECHO INTERNACIONAL PÚBLICO

El congreso, al abordar cuestiones transversales, sienta las bases de un Estado de derecho internacional haciendo que ciertos principios se vuelvan obligatorios: la abolición de la trata de esclavos y la libre circulación por los cursos de agua. Los soberanos tampoco pueden actuar como si la Revolución francesa no hubiera existido nunca. Por lo tanto, hay que instaurar un derecho público basado en constituciones donde se inscriben los derechos individuales. Que el soberano garante del equilibrio europeo canalice las reivindicaciones sociales se convierte en algo necesario. Para conseguirlo, ha habido que darle a cada Estado todos los beneficios a los que podía aspirar, sin perjudicar a los demás. Este es el objetivo principal de este congreso, que durante la primera mitad del siglo XIX se va a creer que se ha alcanzado.

EN RESUMEN

1789
Revolución francesa

1793-1797
Primera coalición contra Francia

1799-1802
Segunda coalición contra Francia

1805
Tercera coalición contra Francia

1806-1807
Cuarta coalición contra Francia

1809
Abr.-oct.: quinta coalición contra Francia

1813-1814
Sexta coalición contra Francia

1814
30 may.: firma del Tratado de París

22 sept.: **establecimiento de la organización del Congreso de Viena**

1 nov.: **apertura oficial del Congreso de Viena**

1815
Mar.: **séptima coalición contra Francia**

9 jun.: **firma del acta final**

El Congreso de Viena ©50MINUTOS.es

- La Revolución francesa conduce al establecimiento en Francia de un régimen inédito: la República, en la que la nación definitivamente predomina sobre la monarquía. En 1792 las potencias vecinas, preocupadas, declaran la guerra a Francia. Entonces se producen una serie de conflictos de los que los franceses salen ganando ante las monarquías europeas coaligadas contra ellos. La llegada al poder de Napoleón coincide con el establecimiento de un imperio cuyos éxitos militares afirman su dominio en todo el continente europeo. A partir de 1813, una campaña desastrosa en Rusia acarrea para Napoleón y su ejército una serie de dificultades, que al año siguiente conducen a su derrota en París. Mientras tanto, el mapa de Europa se transforma en beneficio de Francia. Entonces, las potencias coaligadas (Austria, Reino Unido, Prusia y Rusia) deciden organizar un congreso en Viena en otoño de 1814.

- En la organización y la realización del congreso destacan varias figuras de renombre. En orden de importancia, cabe mencionar primero a Klemens de Metternich. Este político y diplomático austriaco es la clave de este congreso, del que toma la dirección. Su objetivo es restaurar la integridad territorial y la influencia de su país en Alemania. El inglés Robert Stewart representa Gran Bretaña. A pesar de que es sustituido durante el congreso, su política consiste en consolidar el poder británico en el mar y prevenir la aparición de un Estado dominante en Europa. Estos dos países trabajan juntos no solo para acallar a Francia, sino también a las potencias en ascenso. De hecho, la Prusia representada por Hardenberg y la Rusia de Alejandro I esperan obtener ganancias territoriales con el fin de ampliar su influencia. La Francia derrotada enviará para defenderse a su mejor diplomático y estadista, Talleyrand, que logra introducirse en los debates.

- La primera etapa de los encargados de la toma de decisiones durante este congreso consiste en una remodelación de Alemania y de Polonia. El mapa de esta parte de Europa se vuelve a dibujar principalmente en beneficio de Prusia, ampliada por Sajonia y Renania. Los territorios alemanes se integran en una comunidad de intereses presidida por

Austria.

- Mientras que Suiza —reconocida por su neutralidad— experimenta cambios menores, Italia sufre de nuevo grandes alteraciones. De los reinos italianos establecidos por Napoleón, se pasa a un conjunto de diez Estados. El norte queda bajo el dominio austriaco. En el centro, están los Estados Pontificios restaurados, y el sur, que ya no cuenta con los aliados de Napoleón, es organizado como un reino independiente.

- Los congresistas se ponen de acuerdo en la mayor parte de la remodelación de Europa cuando se produce el retorno y la posterior derrota definitiva de Napoleón. Por lo tanto, ya solo quedan por resolver las cuestiones auxiliares, en especial las relativas a la abolición de la esclavitud, así como a la preparación del acta final firmada el 9 de junio de 1815.

- Además de una Europa política completamente rediseñada, el orden monárquico cristiano establecido por el Congreso de Viena es respetado en todo el mundo durante varios años. Las primeras fricciones surgen con la Revolución belga y la caída de la monarquía francesa restaurada, en 1830 y en 1848. Hacia 1870 se lleva a cabo la unificación de Alemania bajo los auspicios de Prusia, a expensas de Francia, y la de Italia a partir del noroeste, a expensas de la Santa Sede de Roma que pierde sus Estados. Sin embargo, este orden no es abolido definitivamente hasta el final de la Primera Guerra Mundial.

PARA IR MÁS ALLÁ

FUENTES BIBLIOGRÁFICAS

- Berenger, Jean. 1994. *L'Autriche-Hongrie. 1815-1918*. París: Armand Colin.
- Bogdan, Henri. 2003. *Histoire de l'Allemagne*. París: Perrin, colección *Tempus*.
- Bogdan, Henri. 2002. *Histoire des Habsbourg des origines à nos jours*. París: Perrin.
- Caron, Jean Claude y Michel Vernus. 2011. *L'Europe au xixe siècle. Des nations aux nationalismes (1815-1914)*. París: Armand Colin.
- D'arjuzon, Antoine. 1995. *Castlereagh, 1769-1822 ou le défi à l'Europe de Napoléon*. París: Taillandier.
- de Bertier de Sauvigny, Guillaume. "Vienne (Congrès de)". *Encyclopaedia Universalis*. Consultado el 17 de mayo de 2017. http://www.universalis.fr/encyclopedie/vienne-congres-de/
- de Bertier de Sauvigny, Guillaume. 1972. *La Sainte-Alliance*. París: Armand Colin.
- de Sédouy, Jacques-Alain. 2009. *Le concert européen. Aux origines de l'Europe. 1814-1914*. París: Fayard.
- de Sédouy, Jacques-Alain. 2003. *Le congrès de Vienne. 1814 et 1815. L'Europe contre la France 1812-1815*. París: Perrin.
- de Talleyrand, Charles Maurice. 2007. *Mémoires et correspondance du Prince de Talleyrand*. Editado por Emmanuel de Waresquiel. París: Laffont, colección *Bouquin*.
- de Waresquiel, Emmanuel. 2003. *Talleyrand. Le Prince immobile*. París: Fayard.

- de Waresquiel, Emmanuel y Benoît Yvert. 1996. *Histoire de la Restauration. 1814-1830. Naissance de la France moderne*. París: Perrin.
- Kerautret, Michel. 2005. *Histoire de la Prusse*. París: Seuil, colección *L'Univers historique*.
- Lentz, Thierry. 2013. *Le congrès de Vienne. Une refondation de l'Europe*. París: Perrin.
- Marx, Roland. 2004. *Histoire de la Grande-Bretagne*. París: Perrin, colección *Tempus*.
- Renouvin, Pierre y Jean-Baptiste Durozelle. 1991. *Introduction à l'histoire des relations internationales*. París: Armand Colin-Pocket.
- Rey, Marie-Pierre. 2009. *Alexandre Ier*. París: Flammarion.
- Soutou, Georges-Henri. 2007. *L'Europe de 1815 à nos jours*. París: PUF.
- Tulard, Jean. 1989. *L'Europe de Napoléon*. Le Coteau: Hermatte, colección *Histoire de l'Europe*.
- Zorgbibe, Charles. 2013. *Le choc des empires. Napoléon et le tsar Alexandre*. París: Éditions de Fallois.
- Zorgbibe, Charles. 2009. *Metternich, le séducteur diplomate*. París: Éditions de Fallois.

FUENTES ICONOGRÁFICAS

- Retrato de Carlos Augusto de Hardenberg. La imagen reproducida está libre de derechos.
- Retrato de Carlos Mauricio de Talleyrand. La imagen reproducida está libre de derechos.
- Retrato de Robert Stewart, vizconde de Castlereagh. La imagen reproducida está libre de derechos.
- Retrato de Klemens de Metternich-Winneburg. La

imagen reproducida está libre de derechos.

- Retrato de Alejandro I de Rusia. La imagen reproducida está libre de derechos.
- Retrato de Carlos Roberto, conde de Nesselrode. La imagen reproducida está libre de derechos.

MUSEOS Y EDIFICIOS CONMEMORATIVOS

- La Ballhausplatz, en Viena, Austria.
- El palacio Dietrichstein-Ulfeld, en Viena, Austria.
- El palacio Kaunitz, en Viena, Austria.
- El palacio Hofburg, en Viena, Austria.